Maximo Javier Guerrero Espinosa

Amor con poesías de Guerrero

Maximo Javier Guerrero Espinosa

Amor con poesías de Guerrero

JustFiction Edition

Imprint

Cover image: www.ingimage.com

Publisher:
JustFiction! Edition
is a trademark of
International Book Market Service Ltd., member of OmniScriptum Publishing Group
17 Meldrum Street, Beau Bassin 71504, Mauritius
Printed at: see last page
ISBN: 978-620-0-11094-7

Amor con poesías de Guerrero.

Autor: Máximo Javier Guerrero Espinosa. Holguín, Cuba.

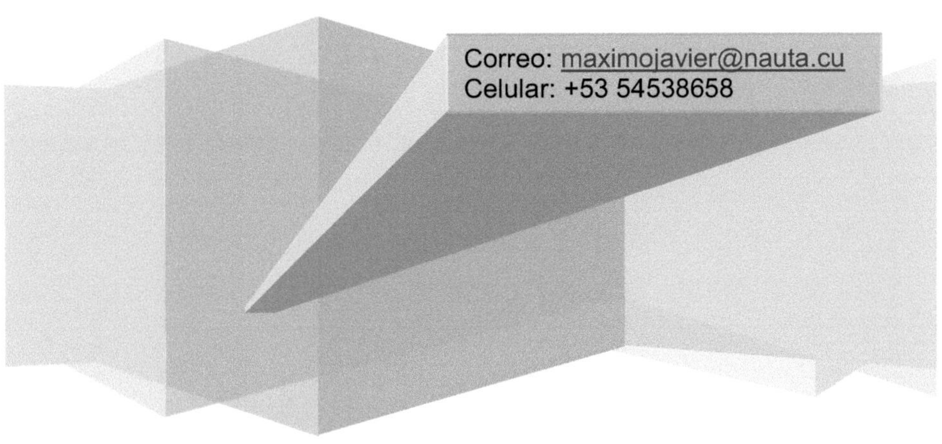

Correo: maximojavier@nauta.cu
Celular: +53 54538658

I.- PRÓLOGO.

El presente libro tiene por objetivo llevar al público lector, amante o no de la poesía, un trabajo hecho en primer lugar con mucho amor, ordenándolas alfabéticamente, a fin de facilitar su rápida localización a través del índice.

Esperamos disfruten de su lectura y colaboren en la divulgación de esta obra, que no por pequeña deja de ser un camino más hacia la cultura general.

Agradeceremos cualquier sugerencia o iniciativa tendente a mejorar éste trabajo o los futuros.

Gracias anticipadas por su tiempo.

El autor.

II.- DEDICATORIA.

Esta selección es dedicada especialmente a los amantes de la poesía y en especial, a los que la disfrutan por primera vez; ya que es un modo de adentrarse en sus propios sentimientos.

III.- ÍNDICE.

IV.- SELECCIÓN DE POESÍAS.

1.- A BOITEL.

Estoy contento por ti
al ver los éxitos logrados
y saber que has encontrado
el camino para seguir,
éstos, sin desistir
de tus principios amados,
siendo poeta destacado,
guía para los demás,
que no olvidarán jamás
la ayuda que le has brindado.

2.- A ELLA.

La peña del creador
llegó para quedarse,
haciendo disfrutar
en una bella tarde.

Los sucesores de Dotres,
aquel ilustre señor
que con sus pródigos dotes
brindo siempre lo mejor,

al joven, al anciano,
pues a todos ayudaba,
tendiéndole su mano
sin esperar a cambio nada.

Por eso estamos aquí
cantándole en esta peña,
para sentirnos felices
y darle ¡vivas A ELLA!

3.- A FAUSTINO.

Se fue, el último Juglar,
está de fiesta el cielo,
pues llegó El Guayabero
y todos puso a gozar.

Su pintoresca figura
con botas de siete leguas,
sus versos de trabalenguas
arrasan por donde quiera.

No es que se haya ido
pues quedó para siempre,
al que adora la gente
"El Rey del Doble Sentido".

Por ahí; veremos llegar
Impecablemente vestido,
pues parece estar vivo
nuestro último Juglar.

El tres, bastón y sombrero,
Identifican sin dudas,
a él, Faustino Oramas,
nuestro gran Guayabero;

quien ríe día a día
y juntos cada momento,
el pueblo y yo lo siento
vivo y alegre todavía.

Se fue, el último Juglar,
está de fiesta el cielo,
pues llegó El Guayabero
y todos puso a gozar.

<u>4.- A GARCÍA LORCA.</u>

Quien nace y muere en su tierra
siempre sirve para abono,
y como el fulgor de una estrella
que ilumina el firmamento,
los grandes después de muertos,
siguen viviendo en ella.

Es ésta la querelle
que García Lorca destruyo,
pues el tiempo demostró
que su obra sigue vigente.
En el mundo que vivió
hoy lo admira mucha gente.

Fue una época convulsa
de guerras y de franquismo,
pero el destino quiso
que conocieras a Cuba
y fueras <u>Poeta en Nueva York.</u>

Tras tu regreso a España
lograste nuevas hazañas
en Argentina y Uruguay,
y con erotismo y pasión aclaraste
Los sonetos del amor oscuro,

Seis poemas gallegos
Vieron tu Llanto
por el intelectual amigo torero,
y por Diván del Tamarit
que unió Tierra y Luna
bajo tu mismo cielo.

Es por eso que quiero
con reconocimiento profundo,
sumarme a los Poetas del Mundo
que recordamos a Federico,
a quien con respeto dedico
estos versos muy sinceros.

5.- A MI AMIGO MONONO.

Al fin llegó el día
que esperabas con devoción.
Desde el fondo de mi corazón
te felicito, JUTÍA.

No creas que en éste día
para ti tan especial,
te íbamos a olvidar
y desearte mejoría.

Esperamos que disfrutes
con cariño y con amor,
lo que trabajando lograste
en tus años de labor.

Aunque eres el mejor
en discusiones y gritos,
eres el más distinguido
eléctrico jodedor.

Con tú nariz tan chata
y cuerpo de enano cabezón,
entregas tú corazón
a la cubana, a la mulata.

Y aunque te arrebates
si te cogen de Mono,
estarás siempre Monono
listo para el Combate.

6.- A POLI DÉLAMO.

Nació allá en España
tierra de conquistadores,
hoy disfruta los mejores
placeres de su hazaña.

No ha sido ni podrá ser
una GENTE SOLITARIA,
su gran obra literaria
ve LA COLA al amanecer.

Sigue ROMPIENDO LAS REGLAS
por DOS LAGARTOS EN UNA BOTELLA.
EL AMOR ES UN CRÍMEN a ellas,
sean blancas o sean negras.

EN ÉSTE LUGAR SAGRADO
se prohíbe el CAMBALACHE,
admirador que se hace
de JOHN STEINBECK ha jurado.

De Ernest Hemingway
Que en un museo cubano está,
y CAMBIO DE MÁSCARA
que en el CUADRILÁTERO hay.

Le sale con fluidez el cuento.
Es feliz con la novela,
porque su mente vuela
de la tierra al firmamento.

7.- A TUS OJOS.

Son tus ojos vida mía
mi más grande ilusión,
que alumbran mi corazón
en una noche sombría.

Y si llegara el día
en que no me quieran mirar,
no los podré olvidar
porque son la vida mía.

8.- AL SEGUNDO LIBERTADOR.

La muerte no es verdadera
cuándo la obra que se ha sembrado
con amor y dignidad,
se riega a cabalidad
por los pobres de la tierra.

Sus cantos de libertad
llegaron a las montañas,
para arrancar las entrañas
del enemigo iracundo,
que quiere gobernar al mundo
a costas de la pobreza.

Muy erguida su cabeza
el hermano presidente,
en Cuba encontró
al padre que le mostró
la libertad en su frente.

Sigue Chávez adelante
que nunca te fallaremos
y juntos lucharemos con honor,
pues para el mundo eres,
el Segundo Libertador.

Haciendo siempre lo mejor
en tu obra de gigante
nunca desfalleciste,
y al mundo le ofreciste
el camino de la paz,

para que no vuelva jamás
la explotación y el martirio,
a quienes con amor e idilio
llenaron el horizonte
de flores y de alegría.

Para que en la patria mía
igual que en la venezolana,
sigan siempre muy unidas
la bandera tuya,
y la bandera cubana.

9.- CHIQUITÍN, "EL RUISEÑOR".

Se fue el que cantaba
con ganas de vivir,
pero otra vida para seguir;
sin dudas ya lo esperaba.

Holguinero ruiseñor
ha dejado de cantar,
pues, se tuvo que marchar
para otro mundo mejor.

Ruiseñor que en la llanura
solo busca donde cantar,
esperando su despertar
hoy vive en la espesura.

"Terrible sueño" que un día
lo llevó hasta la gloria,
hoy vive en la memoria
el bardo que todos querían.

Con su sonrisa lejana
y su cara de bonachón,
entregó su corazón
a la música cubana.

Aquel hidalgo señor
con una flor en el pecho,
se recuerda por derecho
como nuestro ruiseñor.

10.- CORAZÓN DE PIEDRA.

Juré, no volverme a enamorar,
no volverme a enamorar
porque siempre yo sufrí,
por culpa de esos amores.

Pero, el día en que te conocí,
pensé mucho en subsanar
y mi vida continuar
sin aquellos sinsabores.

Y tú, con tu duro corazón,
con tu duro corazón
no supiste apreciar,
el amor que te brindaba.

Si yo tuviera el corazón,
si yo tuviera el corazón,
el corazón de piedra,

rompería tu corazón,
rompería tu corazón,
con mi corazón de piedra.

Soñaba que me amarías
pero eso no fue jamás,
porque tienes el corazón
duro, duro de verdad.

Tú dices que no te gusto
y que tampoco me quieres.
Por tu corazón tan duro
me voy con otras mujeres.

Tienes duro el corazón
y no me quisiste amar,
por eso te voy a matar;
con mi corazón de piedra.

11.- DESDE HOLGUÍN A CANDELARIA.

Vamos a Candelaria
que la fiesta va a empezar,
con mi amigo Ángel Calle;
será una fiesta popular.

Tocaremos por la noche
y hasta por la madrugá.
No importa que amanezca
si la gente pide más.

Avísenle a Rosillo
María Hercilia y Petinó,
que llegaron los soneros
a tocar un rico son.

Iremos a Las Terrazas
entre lomas y palmar,
para visitar La Peña
del Guajiro Natural.

Yo vengo desde La Chomba
entregando el corazón,
desde el llano hasta la loma
tocando un rico son.

Iremos a Las Terrazas
entre lomas y palmar,
para visitar La Peña
del Guajiro Natural.

<u>12.- EL HOMENAJE.</u>

Siento una inspiración
por algo que ha ocurrido,
por algo que he sentido
aquí, dentro de mi corazón.

Se trata de la ocasión,
de juntos haber compartido
con hermanos que han venido
trayendo mucho sabor.

Son ellos de lo mejor
que en Candelaria han nacido
y juntos hemos trasmitido
en vivo y a todo color,

el homenaje que con amor
dedicamos al **<u>Guajiro</u>**,
que **<u>Natural</u>** ha vivido
en el campo, como una flor.

Con orgullo muy sincero
éste cubano holguinero,
los invita para homenajear
ésta vez al Guayabero.

Recuerden que yo los quiero
y a nombre de la Asociación,
les deseo de años un millón
y que aquí, siempre los espero.

13.- EL MAYOR TESORO.

Mariano y Leonor,
para "Nuestra América"
trajeron al "Ismaelillo"
con cariño y mucho amor.

Fue del horizonte el fulgor
que en la manigua creció,
y con la pluma ejerció,
demostrando su valor,

al cubano, al español
y ante cualquier enemigo,
llevando siempre consigo
la palabra y el honor.

Luchó para que hoy
"Los zapaticos de rosa",

los use Pilar y todos
los niños de "<u>La edad de oro</u>",

pues ellos son el mayor tesoro
de la patria agradecida,
por quien Martí dio la vida
con valentía y decoro.

14.- EN LOS DÍAS NAVIDEÑOS.

En los días navideños
cuándo las familias se unen,
las amistades concurren
a manifestar sus sueños.

Sueños que al amanecer
del nuevo año que llega,
de alegría grita y juega
la esperanza para crecer.

Esperanza que a toda hora
llena nuestros corazones,
por ser éstas las razones
que te impulsan sin demora.

Te impulsan para hacer
realidad aquellos sueños,

luchando por todos ellos
hasta hacerte complacer.

Complacer y felicidad
que todos queremos tener,
los niños, el hombre y la mujer
de toda la humanidad.

15.- EN UN DÍA COMO HOY.

En un día como hoy,
día de San Valentín,
sintiendo tu mismo fin
te diré como yo estoy.

Estoy con mi corazón
que no me cabe en el pecho,
porque siento el derecho
de vivir ésta pasión.

Pasión y amor que me llevan
en mis noches de desvelo,
desde la tierra hasta el cielo.

Para decir que te quiero
en éste momento hermoso
disfrutando tú reboso.

Y por los años vividos
te deseo con devoción...
¡Muchas felicidades mi amor!

16.- ERES.

Eres puerta que al mundo me abre.
Eres viento que lo malo te llevas.
Eres flor que perfumas el aire,
eres luz que del cielo nos llegas.

Eres sol, mares y espuma,
eres vida, amor y alegría,
eres justeza, calor y ternura,
eres rayo de luz que nos guías.

Eres fuerza, empeño y tesón,
eres ritmo, tiempo y armonía,
eres noche, estrellas y el día.

Eres miel que endulzas la vida.
Eres mía ande donde ande,
eres mi único amor, MADRE.

17.- FELIZ MOMENTO.

Aquí va mi inspiración
que nace del corazón
que junto al tuyo latía,
en una noche sombría
cuando yo te conocí.

Fuimos felices allí,
muy juntos en ese momento,
guiados por el sentimiento
y el deseo de vivir.

Fue fugaz aquel instante,
como una ráfaga de viento,
que se llevó tu aliento
y que jamás regresará.

Por eso desde entonces
guardo por siempre en mi recuerdo,
aquel feliz momento
que vivimos juntos los dos.
que vivimos juntos los dos.

18.- LA DULCE ALFONSINA.

No para ninguna parte;
menos sueca que argentina,
nació para todo el mudo
la dulce Alfonsina.

"La inquietud del rosal"
da a la luz su destreza,
ayudando a mejorar
como maestra y poeta.

Bella en su interior.
Bella en su exterior.
Fue mostrando a todos
su "Mundo de siete pozos".

Con sentida añoranza,
"La mascarilla y el trébol"
recorren cada país,
dejándoles enseñanza.

"El dulce daño" convierte
cada idea perversa,

en poesía no inerte
con palabras excelsas.

Su exquisito sabor sensual
siempre la acompaña,
pero "Irremediablemente"
llega su "Languidez".

Terminándose pues
la más corta de sus vidas.
Ahora en los corazones
de quienes aman su obra,

sigue hasta el infinito
con sentir poético,
su amor por la vida y la paz,
la esperanza y la creación.

Y con gran emoción
los **Poetas del Mundo**,
le brindamos el amor
sincero y muy profundo,

pues aun sigue viva,
con su creación madura y audaz,
y su condición femenina,
la Storni, la dulce Alfonsina.

19.- LA RAZÓN.

La vida con el amor
si tiene razón de ser
y más cuando una mujer
te entrega su corazón.

Es ésta la razón
por la que hoy me inspiro,
para soñar contigo
junto al fuego del amor.

Con desesperada pasión
en los brazos de Morfeo
seguiremos adelante.

Lucharemos contra todo
por el amor y el decoro,
que son el mayor tesoro;
de todos los que se aman.

20.- MAL DE AMOR.

Bien sabes que te he querido
como nunca quise a nadie
y por éste amor profundo
en mi pecho adolorido;

llevo, mi corazón herido
y en mi alma una espina
que desangra nuestro amor.

Ya en mí no hay ni una flor,
todo es tristeza y agonía
y siento en el alma mía
que me mata el mal de amor.

21.- PADRE.

Padre, palabra divina
del idioma nuestro
con que nombro al hombre
que me dio la vida
y fue mi maestro.

Con ella en mis labios
sonrío, con ella juego,
ayudo al amigo, estudio,
lucho y trabajo, sigo adelante
y en cada momento, con él presente,

salto obstáculos, logro victorias
y no tengo miedo a la muerte,
porque siempre está conmigo
como guardián y como guía,
y no importa donde él esté,

pues lo siento vivo y a mi lado cada día.
Con tu beso padre, con tu beso
me ennobleces y al mundo muestras

tu amor por mí, por eso, escucha
estos versos que con cariño te escribo,

pues eres la puerta que al mundo me abre
sin egoísmo y sin maldades,
nunca te olvidaré, y ahora y siempre
de corazón te digo:
padre, te amo y te amaré.

22.- PEDAZO DE MI CORAZÓN.

Hace tiempo que esperaba éste momento,
de decirte frente a frente que te quiero,
de mirarme en tus lindos ojos
y tener algún recuerdo tuyo.

Tú piensas que mi amor no es verdadero,
yo te juro que de veras yo te quiero
y aunque nunca correspondas a mi amor
te suplico, que guardes en tu pecho,
un pedazo de mi corazón.

Y si acaso mi amor un día te venciera,
quiero que vivas conmigo
mi linda holguinera.

Tú piensas que mi amor no es verdadero,
yo te juro que de veras yo te quiero
y aunque nunca correspondas a mi amor
te suplico, que guardes en tu pecho,
un pedazo de mi corazón.

Un pedazo de mi corazón.

23.- POLO EN HOLGUIN.

Polo que un día nació
entre montañas y ríos,
desde su natal Pinar del Río
por el mundo se extendió.

Su música, con rico sabor
cubano hasta el cielo lo elevó,
convirtiéndolo en estrella
de nuestro sabroso son.

Con honor, desde abajo
subió hasta las alturas,
compartiendo con figuras
y mejorando su trabajo.

Aquí vino a disfrutar
en medio de ésta llanura,
donde crece la yagruma
y la linda palma real.

Estaremos junto a ella
con todo el corazón,
en cada peregrinación
de ésta, la ciudad más bella,

Para recordar
que al pueblo holguinero,
lo iluminará por siempre
su montón de estrellas.

24.- PREFIERO.

Cuando la radio escuche
domingo en la mañana,
sin botar la palangana
estático me quedé.

Resulta que sintonice
a Tiempo de Plenitud,
dirigido por la juventud
y dedicado a la vejez.

Aunque joven puede ser
quien en verdad lo quiera,
pues no existen fronteras
para sentir el placer.

Y más si al amanecer
te escuchas reflejado,
en el programa de radio
que dedican para escoger,

secciones interesantes,
música y poesía.
Consejos para la alegría
y casos hasta picantes.

Por eso cuando te levantes
con cariño verdadero,
di a los tuyos prefiero,
a Tiempo de Plenitud.

Que es donde la juventud
debe beber experiencias,
para lograr la paciencia
que les permita vivir,

y así poder repetir
con cariño verdadero,
que Tiempo de Plenitud;
es el programa que prefiero.

25.- RAUDA Y VELOZ.

Nadie puede imaginar
la importancia que tiene,
la Cruz Roja para ayudar
cuando rauda y veloz viene.

No importa la dolencia
ni la nacionalidad,
solamente la existencia;
esa es la única verdad.

En ella muchos laboran
y todos son necesarios,
también los que colaboran,
ellos son los voluntarios.

Por esta ocasión
en un día tan grandioso
y con gran devoción,
deben sentirse dichosos.

Sigan adelante hermanos
que confiaremos siempre,
en la habilidad de sus manos
desde enero, hasta diciembre.

26.- SIN ALIENTO.

Fui muy feliz contigo
pero ahora que no estás,
te voy a decir la verdad
aunque ya no estés conmigo.

Quizás un día comprendas
que mi amor es verdadero,
que te quise y que te quiero
como a nadie había querido,

que no habrá nada en el mundo
que destruya esto que siento,
y aunque muera sin aliento

en mi último suspiro,
diré tu nombre, mi chica,
para llevarte conmigo.

27.- SONETOS AL BOLERO

Desde que mi tristeza surgió;
contigo en la distancia,
veinte años después
murió nuestro juramento:

Nosotros, siempre unidos.
Pero me dijo un amigo mío
tres verdades en las tinieblas;
terrible sueño, Longina,

pues a ese amigo mío
le dijiste: quiéreme mucho,
mientras que yo moría.

Esa fue mi corazonada,
en la última noche
que pasé contigo.

Flor pálida que renace
como la flor de pantano,
vengo a estrechar tu mano.
La amistad es lo primero,

Para escuchar un bolero
que alegre el corazón,
pues no hay como esa canción
que te llena el alma entera;

sin que existan fronteras
para un justo apretón,
cuando estamos recordando

lo felices que fuimos,
y que ahora lo sentimos
con una nueva emoción.

El bolero puede ser
alegría y dolor,
mezcla de desilusión
con pasión y felicidad;

que nos sirve para expresar
los más puros sentimientos,
que llenan cada momento
el alma y el corazón.

Es por esta razón
que el bolero vivirá,
pues juntos seguiremos

con esta música amando,
para seguir recordando;
¡hasta la eternidad!

28.- TU SONRISA.

Cristalina como el agua
y fresca como la brisa,
es tu jovial sonrisa
quien penetra el enagua.

En cada atardecer
perfumas con tu voz el aire
y sería un desaire
dejarte un día de oler.

Pues eres tú, la mujer
que irradias alegría
y emanas amistad.

En tu labor la lealtad,
el público que te escucha,
te desea mucha, mucha felicidad.

29.- UN 17 DE MAYO.

Un 17 de mayo
nació mi madre querida,
la más linda de éste mundo
la que le debo la vida.

Y aquí junto a mis hermanos
la quiero felicitar.
Con un beso un abrazo
yo no la puedo olvidar.

Hoy canto con alegría
y digo a mis amigos,
que madre hay solo una
y es la que llevo conmigo.

Y aquí junto a mis hermanos
la quiero felicitar.
Con un beso un abrazo,
yo no la puedo olvidar.

30.- YA NO TENGO MIEDO.

Ya no tengo miedo.
Ya no tengo pena.
Ya no tengo nada;
que me pare a mí.

Ya tengo la libertad,
que tanto necesitaba,
para tener igualdad;
con todos los que trabajan.

Hoy no hay discriminación,
pues todos ya aportamos,
en el deporte, en salud,
en cultura y otros ramos.

La revolución triunfante,
al pueblo nos integró
y vamos para adelante,
ustedes y también yo.

No importa la invalidez
pues diferencias no hay,
cuando se quiere luchar
se lucha y nada más.

Cuando se quiere luchar,
se lucha y nada más.

V. EPÍLOGO.

Confío en que hayan pasado un rato agradable con la lectura de la selección presentada, que con mucho respeto y amor se confeccionó, teniendo presente las enseñanzas de mi padre. Asimismo, los espero la próxima vez.

VI.- SÍNTESIS BIOGRÁFICA.

Nació en la provincia de Holguín, Cuba, el 18 de febrero de 1954. Sus padres Manuel Guerrero Segura Y Carmelina Espinosa Almaguer lo nombraron Máximo Javier quien contó con 4 hermanos. Tiene dos hijos, Kenia y Javier, 5 nietos y 1 bisnieto. Se graduó como Ingeniero Mecánico en 1984. Pasó cursos de Locución y actuación.

Sus inquietudes literarias datan desde su adolescencia, influenciada por su padre al cual desde pequeño lo escuchaba con las décimas que el mismo componía.

En la actualidad es presidente de la Asociación Cultural Polo Montañez en Holguín, Cuba, desde 2002 (https://www.facebook.com/poloenholguin/), lo que le ha permitido escribir y divulgar varias poesías y canciones, participando en actividades de diversos centros laborales y en programas radiales, televisivos, documentales, Festivales del Cine Pobre en Gibara y concursos para el compositor musical en Candelaria provincia de Artemisa.

Es socio de la ACDAM (Agencia Cubana de Derecho de Autor Musical), fundó el sexteto musical “Polo son” y el boletín trimestral ¡VISÍTANOS!

Integró el grupo de teatro Las Máscaras y el Cine Club Bariay. Es miembro de la Asociación Internacional de Poetas del Mundo radicado en Chile (http://poetasdelmundo.com/detalle-poetas.php?id=9399) Pertenece al **Club de Poesía “El Convivio” Cuba - Italia de Holguín**. Ha desarrollado varios proyectos socio culturales y desde 2012 le han publicado diversos de sus poemas con fotos incluidas; en el Cuaderno de Poesías (Nostre Club) que se edita en Barcelona España.

Como aficionado es promotor cultural, locutor y director general del espacio dominical Polo Son en el centro Cultural Camilo Cienfuegos e igualmente en el centro cultural “Plaza de la Marqueta” con el espacio Marqueteando con la Polo, además en el café Tres Lucía con el espacio “Café con boleros” y participa como declamador y locutor en las peñas “Don Quijote” del teatro Eddy Suñol y del creador musical “Ariel Dotares” en la Casa de Iberoamérica.

Es colaborador de varios programas radiales en el municipio, provincia y nación. Ha recibido varios reconocimientos. Fue invitado a la 32 semana de la cultura holguinera y en la VII edición del concurso para el compositor musical Polo Montañez en Candelaria Artemisa, el 6 de junio de 2014 el colectivo obtuvo el primer lugar. En éste concurso participa de forma ininterrumpida desde 2008, cuando obtuvo el tercer lugar, además, en el 2015 alcanzó el segundo lugar y en 2018 el premio de la popularidad. Así mismo desarrolla la Peña con los holguineros en la comunidad de Las Terrazas desde 2016.

En 2016 la Academia Internacional "El Convivio" de Italia, le otorgó el premio por el **segundo lugar** del concurso "Antonio Filoteo Omodoi", y en 2018 dicha academia acaba de entregarle el **primer premio absoluto** del concurso "Ángelo Musco". El municipio de cultura le otorgó el premio de cultura comunitaria en 2019 en la categoría de proyecto sociocultural, a la Asociación Cultural que fundó.

VII.- PREMIO.

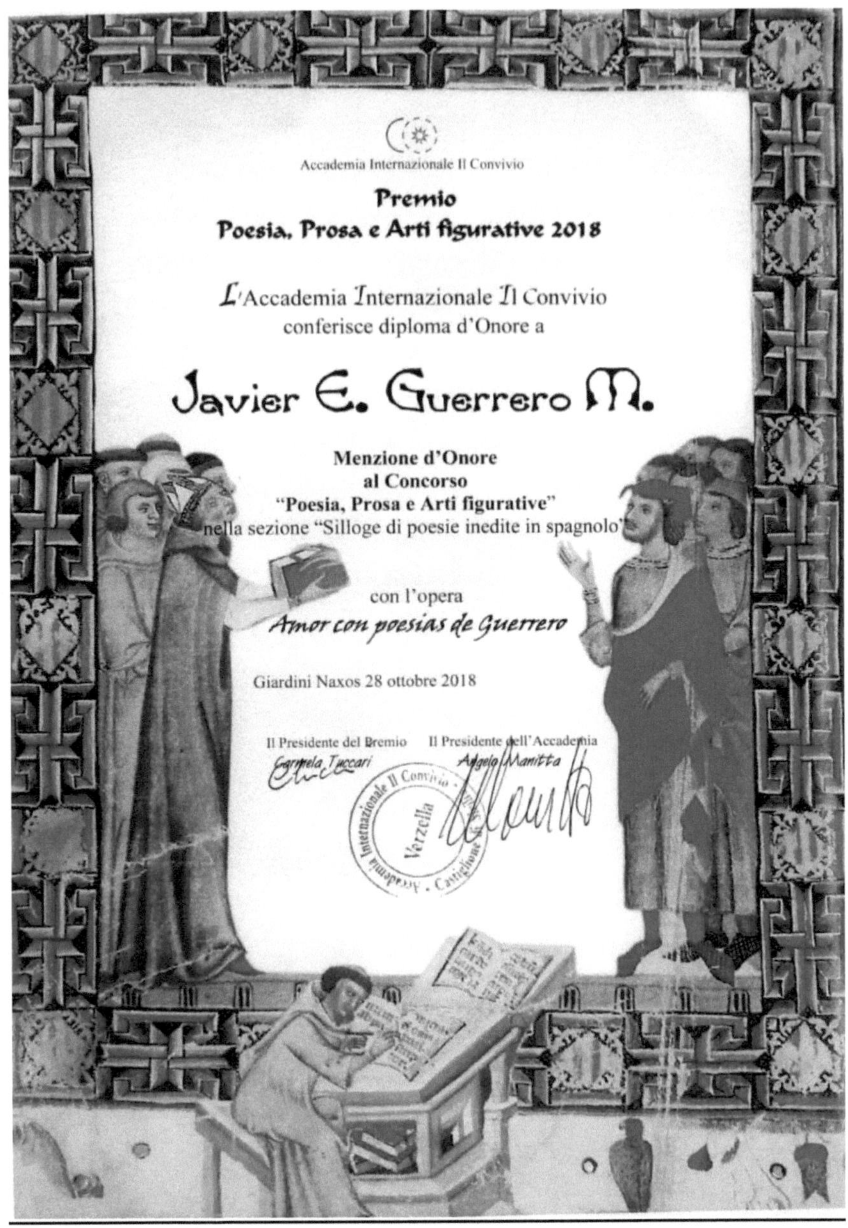

Accademia Internazionale Il Convivio

Premio

Poesia, Prosa e Arti figurative 2018

L'Accademia Internazionale Il Convivio

conferisce diploma d'Onore a

Javier E. Guerrero M.

Menzione d'Onore

al Concorso

"Poesia, Prosa e Arti figurative"

nella sezione "Silloge di poesie inedite in spagnolo"

con l'opera

Amor con poesias de Guerrero

Giardini Naxos 28 ottobre 2018

Il Presidente del Premio — Carmela Tuccari

Il Presidente dell'Accademia — Angelo Manitta

Printed by Books on Demand GmbH, Norderstedt / Germany